LES GENEREVX EXERCICES DE LA MAIESTÉ, OV LA MONTRE PAISIBLE DE LA VALEVR,

REPRESENTÉE En Deuises & en Emblesmes

A LYON,

Chez GVILLAVME BARBIER Imprimeur ordinaire du Roy en la place de Confort.

M. DC. LIX.

AV ROY.

IRE,

Pendant que les rigueurs d'vne ſaiſon incommode oſtent à VOSTRE MAIESTÉ le moyen de cueillir des Palmes & des Lauriers ſur les terres ennemies, elle n'a point de plus agreable repos, que la montre paiſible des combats, & l'exercice de la valeur. L'ardeur qu'elle inſpire à cette genereuſe Compagnie, dont elle eſt le Chef, eſt vn ſpectacle digne d'arreſter les yeux de tous les braues des premiers ſiecles, & l'addreſſe qu'elle fait paroiſtre dans le plus noble des exercices, eſt le charme ſecret, qui attache la victoire à ſon party, & qui arreſte la fortune ſous ſes drappeaux. C'eſt cette valeur, SIRE, qui doit seruir vn iour d'Exemple à la posterité, & qui tient maintenant les plumes occupées à faire autant d'Images de la generosité que V. M. donne de combats, & qu'elle entreprend de campagnes. Mais ces grandes actions ne sont que pour les Aigles, qui ont les yeux assez forts pour en soustenir les lumieres, pendant que ie m'arreste aux ombres de ses entreprises, & que ie prens la liberté de décrire les exercices militaires, dont elle entretient l'ardeur d'vne Noblesse courageuse, qui n'attẽd que ses ordres pour donner de veritables preuues de son zele, & des marques plus sensibles du beau feu qui la porte à des combats plus dangereux.

LES

LES GENEREVX exercices de La Majesté

PREMIERE DEVISE.

VNE TROVPE D'OYSEAVX DE PARADIS CONDVITS PAR LEVR ROY.

QVI REX ET DVX EST

C'EST SA MAIESTÉ qui est Chef de la Compagnie de ses Mousquetaires, comme le Roy de ces oyseaux se met en teste de ses troupes au rapport de ceux qui nous ont décrit les merueilles des terres nouuellement découuertes. *Clusius in auctar. exotic. in manucodiata. Ea aues triginta, vel Quadraginta simul per turmas volare solitæ, ipsarum Rege vel Duce Comite, qui supra reliquas perpetuò sublimis volat.*

MADRIGAL.

Troupe adroite en la Paix, & genereuse en Guerre,

Nous tenons l'Empire des airs,
Nous voyons sous nos pieds la foudre & les éclairs,
Qui font trembler toute la terre.
Celuy qui nous conduit s'asseure en nostre foy,
Il tient vn rang plus haut, il a plus de courage,
Et nous auons cét auantage,
QV'IL EST SEVL NOSTRE CHEF, COMME IL EST NOSTRE ROY.

II.

VNE BOTTE DE MESCHE ALLVMEE

FRA L'ARMI RISPLENDE.

SOVVENT *ma seule montre a causé des allarmes,*
Ie seconde l'addresse, & i'ay de la valeur,
Tout prend feu quand i'approche, & c'ét parmy les armes
Que i'entretiens l'éclat, qui vient de ma chaleur.

III

LA PIERRE A FEV BATTVE D'VN FVSIL.

DEL HIERRO MI FVEGO,

L*E fer excite ma Vigueur,*

C'est

C'est luy qui fait sortir les viues estincelles,
Et le brillant éclat des flames immortelles
Que ie conserue dans mon cœur.

IV.

DES ABEILLES QVI FROTTENT LEVRS AIGVILLONS.

ACVVNT IN PRÆLIA VIRES.

SOus vn Roy genereux d'ont l'ardeur nous anime
Nous defions nos ennemis,
Et pour tenir le rang où ce Roy nous a mis
Nous auons vn cœur magnanime.
Il est seul nostre Chef, il est seul nostre Appuy
Nous portons les armes pour luy,
Nous luy faisons par tout vne escorte fidele,
Et pour defendre son Estat,
Pendant que nous prenons vne force nouuelle
Luy mesme nous dresse au combat.

V.

VNE ESPEE

ASSISTO LATERI.

IE suis la source de la gloire,

C'est

C'est de mes coups hardis que depend la victoire,
Je donne l'Immortalité;
Pour maintenir les droits d'une Auguste Personne,
Et luy conseruer sa Couronne,
IE SVIS TOVIOVRS A SON COSTE'

Cette genereuse Compagnie a l'auantage d'estre tousiours aupres de S. M. & d'estre dressée au combat par ses propres soins: C'est ce qu'expliquent ces deux dernieres Deuises, comme la II. & la III. representent l'ardeur agissante de nostre incomparable Monarque.

VI.

VN LION QVI DRESSE SES LIONCEAVX AV COMBAT.

VIRTVTE MAGISTRA.

LA VALEVR LES INSTRVIT

QVe ces Lions sont genereux!
Que la noble fierté, qui brille dans leurs yeux
Est de leurs actions un illustre presage!
Que leurs combats feront de bruit!
Puis qu'ils sont pleins de feu, d'adresse & de courage,
ET QVE LA VALEVR LES INSTRVIT.

VII.

VNE PIERRE D'AYMAN QVI TOVCHE DES Aiguilles de fer.

DAT VEGETAS VIRES.

IL LEVR DONNE DES FORCES NOVVELLES

I'Imprime vne vertu secrete,
Qui fait agir le fer & luy donne vigueur,
Quand il faut m'obeyr, il n'est rien qui l'arreste,
Et c'est ce mouuement, qui cause son bonheur.

VIII.

VNE BOMBE TIRE'E SVR VNE CITADELLE ESLEVE'E

INVIA NVLLA VIA EST.

IE ME FAIS PASSAGE PAR TOVT.

Rien n'est inaccessible à l'ardeur qui m'anime
Tout cede à mes efforts, & ie fais tant de bruit,
Que par tout ou ie vais la victoire me suit,
Et du plus haut rocher ie renuerse la cime.
Tout tremble aussitost que ie parts
En vain m'oppose-t'on fossez, tours, bouleuards,
Il n'est contre mes coups ny force ny courage,

Le feu qui me conduit se fait iour en tous lieux
Pour donner de l'effroy, ie monte iusqu'aux Cieux,
ET PAR TOVT IE ME FAIS PASSAGE.

La deuise de cette courageuse Noblesse est vne bombe tirée sur vne place forte qui represente Mommedy, auec cette ame QVO RVIT, ET LETHVM.

IX.

VNE ROSE DONT TOVTES LES FEÜILLES SONT AVTANT DE COEVRS

TVTTA CVORE.

IE vois autour de moy tout vn Peuple qui m'ayme,
Le feu de son amour orne mon Diademe,
Ma pourpre en a tiré sa plus viue couleur:
C'est du Ciel que ie tiens mes attraits & mes charmes,
Et si ie vis entre les armes,
C'EST QVE IE SVIS TOVTE DE COEVR

L'EGVILLE

X.

L'EGVILLE DE LA BOVSSOLE QVI SE TOVRNE VERS L'ESTOILE POLAIRE.

SEQVI EST EXERCITA SIDVS

Elle est accoustumée à suiure son Astre

IE SVIS VN ASTRE QVI M'ECLAIRE
Ie tire ma vigueur de ses brillans Rayons,
Et par mes agitations
Ie ne cherche que de luy plaire.

X I.

VNE TABLE DE MVSIQVE MARQVÉE DE DIVERSES NOTES

MANVS ET VOX DIRIGIT VNA

VNE VOIX ET VNE MAIN LES REGLE.

POur conseruer l'accord de nostre Compagnie,
Nous receuons les mesmes loix;
Celuy qui nous conduit regle nostre harmonie,
Et de la main & de la voix.

Cette table de Musique represente assez bien les files d'vn bataillon, par ses lignes, & les notes haurés & basses, les diuerses positions des Soldats dans l'exercice, comme c'est sa Majesté qui les dispose du geste & de la voix.

XII.

LES ESTOILES

TIENEN SV ORDEN.

ELLES TIENNENT LEVR RANG.

CEs illustres, dont la lumiere
Pourroit seruir de guide à cent Astres errans,
Ne s'eloignent iamais de leur iuste carriere,
Et sçauent retenir leurs rangs.

EMBLEMES.

LE CENTAVRE CELESTE QVI A VN ARC TENDV EN MAIN, ET VNE COVRONNE A SES PIEDS.

CORONÆ IVRA TVETVR

IL DEFEND LES DROITS DE LA COVRONNE

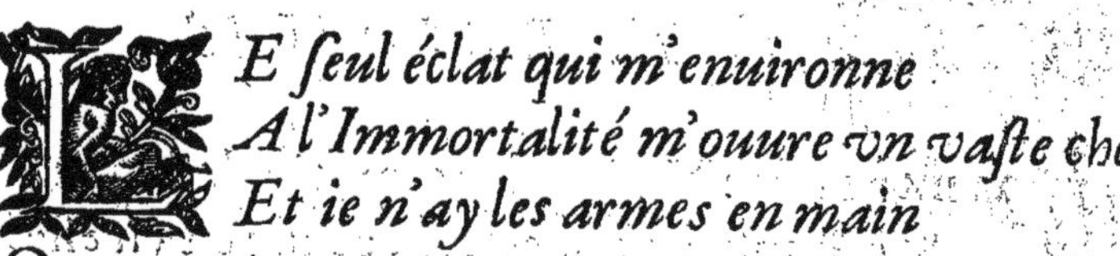

E ſeul éclat qui m'enuironne
A l'Immortalité m'ouure vn vaſte chemin,
Et ie n'ay les armes en main
QVE POVR DEFENDRE LA COVRONNE.

VNE MONTRE AV SOLEIL QVI A VNE VERGETTE DE FER POVR MONTRER LES HEVRES.

NIL FERRVM SINE SOLE

LE FER EST INVTILE SANS LE SOLEIL.

Les rayons de la Majeſté ne ſont pas les moindres armes à oppoſer aux ennemis, vn regard du Prince inſpire le courage aux plus lâches, & ſi les quatre dernieres campagnes ont donné des Lauriers à nos armées, c'eſt à la preſence de nostre genereux Monarque qu'elles doiuent la gloire de leurs triomphes, & le succez de leurs entreprises.

VN CHATAIGNER.

TENEROS ARMAT FOETVS.

La France est feconde en Soldats, ses Enfans semblent naistre armez, comme les fruits de cét arbre, à qui la Nature donne des traits aigus & vne double écorce pour se defendre.

VNE NVE DONT IL SORT VN FOVDRE.

LEVIS AT TERRIBILIS

Ceux qui reprochent à nostre Nation sa promptitude à executer ses entreprises, & qui appellent legereté, ce qui est vn effet de son courage, ressentent souuent les coups pesants de cette legereté, comme les foudres & les éclairs sortent de la nuë, qui est legere.

VNE NVE ENFLAME'E

DE MI ARDOR MI SPLENDOR

DE MON ARDEVR MON ECLAT.

L'Eclat qui enuironne S. M. n'est pas moins vn effet de son courage, & de l'ardeur genereuse qui l'anime, qu'vn rayon de la Majesté, qui le couure.

VN

VN TROPHÉE

MIA GLORIA NELL'ARMI

MA GLOIRE EST DANS LES ARMES.

La gloire d'vn Prince est autant dans l'heureux succez de ses armes, que dans la soumission de ses sujets. C'est cette gloire, qui a couronné les premieres années de la vie de nostre Monarque, & qui fait encore à present son diuertissement le plus ordinaire.

DES CHIENS DE CHASSE QVE L'ON TIENT EN LESSE.

ARDENT IVSSA SEQVI

Cette trouppe n'attend que les ordres de S. M. pour combatre.

L'EXERCICE MILITAIRE de la Compagnie des Mousquetaires de S. M.

STANCES.

SOrtés de vos tombeaux ombres pâles & vaines,
Dont les noms ont tant fait de bruit ;
Quittez pour vn moment cette éternelle nuit ,
Qui couure l'appareil des Annales Romaines:
Vous Lauriers à demy sechez ,
Laissez voir maintenant ces noms que vous cachez
Et remettez au iour la pompe de l'Histoire;
Reprenez vostre éclat Manes victorieux,
Paroissez reuêtus des marques de la gloire ,
Et faites voir le feu , qui brilla dans vos yeux.

Voyez vn ieune Prince en la fleur de son âge,
Qui s'expose à tous les dangers ,
Qui donne l'épouuante aux peuples étrangers,

Et

Et qui de la valeur est la plus belle image ?
Il est né d'vn sang genereux,
Il marche sur les pas de cent braues Ayeux,
Et de Palmes d'honneur il couronne leur cendre ;
Si celles de son Pere ornerent son berceau,
Il en voulut cueillir aussitot pour les rendre,
Et ses premiers lauriers luy firent vn tombeau.

⚜

Fut-il iamais Heros plus grand que ce Monarque,
Qui vient d'éfacer vos exploits ?
Voyez cent Conquerans, qui reçoiuent ses loix
Et qui de leur valeur vont donner vne marque.
Ils ont dé-ja le fer en main
Pour s'ouurir à la gloire vn plus vaste chemin
Que les braues de Rome, & les Chefs de la Grece ;
Sous ce Roy genereux, qui les dresse au combat,
Ils font voir leur ardeur, ils montrent leur addresse,
Et tiennent en leurs mains le bonheur de l'Estat.

Vn bataillon formé d'vne troupe si leste
    Attend les ordres de LOVIS,
A son premier signal leurs cœurs épanoüis,
Font briller dans leurs yeux vne fierté modeste.
    Attentifs aux commandemens.
Ils sont prests sans desordre à tous les mouuemens,
Et changent quand il faut de rang & de posture;
Ils se doublent sur l'aisle, en auant, par costé,
Tournent à droit, à gauche, en diuerse figure,
Et font voir leur courage en leur agilité.

Ainsi du Camp volant le Prince legitime
    Dresse ses petits bataillons,
Et ses Soldats armez de leurs seuls aiguillons,
Font voir dans le combat l'ardeur qui les anime.
    Tantot ils volent sur les rangs,
Ils se serrent en haut, ils s'ouurent sur les flancs,
Ils auancent sur l'aisle, & redoublent les files:
Leur demarche est si iuste, & leur corps si pressé
Que rien ne peut forcer ces lignes immobiles
Ny rompre l'escadron que le Prince a dressé.

Rien

Rien ne peut resister à la valeur instruite.
Que ces inuincibles guerriers,
Vont cueillir pour leur Roy de superbes lauriers,
Et qu'ils vont emporter de forts sous sa conduite!
Tout tremble à leurs premiers regards,
Il n'est point de trauaux, il n'est point de remparts,
Qui puissent arrester vne troupe si leste,
L'Espagne va ceder à leur premier effort,
A tous nos ennemis leur adresse est funeste,
ET PAR TOVT LEVR ARDEVR DONNE ENTREE A LA [MORT

Cette genereuse Compagnie a pour Deuise vne Bombe tirée sur vne place, auec cette ame QVO RVIT, ET LETHVM.

C. F. M. D. L. C. D. I.

FIN.

www.ingramcontent.com/pod-product-compliance
Ingram Content Group UK Ltd.
Pitfield, Milton Keynes, MK11 3LW, UK
UKHW022156260726
13993UKWH00005B/2411